Approccio alla Neuropsicologia

Juan Moisés de la Serna

www.juanmoisesdelaserna.es/it

Traduzione di Simona Ingiaimo

Prefazione

In questo libro si parla di un argomento, la neuropsicologia, che è uno dei rami che si sono estesi di più negli ultimi anni, perché si nutre di progressi sia nella psicologia che nella neuroscienza.

Lo scopo della neuropsicologia riguarda sia gli aspetti teorici che quelli pratici dei disturbi o dei traumi.

Un'area che è sempre più richiesta, poiché offre ai pazienti grandi benefici.

INDICE

Juan Moisés de la Serna

Dedicato ai miei genitori

Ringraziamenti

Colgo l'occasione per ringraziare tutti quelli che hanno dato il loro contributo nella realizzazione di questo testo, in particolare il dottor David Muñoz Lavilla, docente di Comunicazione Digitale e Nuove Tendenze dell'Università Europea e la dottoressa Daniela Galindo Bermúdez, Presidentessa di Hablando con Julis: la solución para la comunicación y el aprendizaje de personas con discapacidad.

Avviso legale

Non è consentita la riproduzione totale o parziale di questo libro, o la sua incorporazione in un sistema informatico, o la sua trasmissione in qualsiasi forma o con qualsiasi mezzo, sia in forma elettronica, che meccanica, con fotocopie, per registrazione o altri mezzi, senza previa autorizzazione e per iscritto dell'editore. La violazione dei suddetti diritti può costituire un reato contro la proprietà intellettuale (articolo 270 e seguenti del Codice Penale).

Rivolgersi al C.E.D.R.O. (Centro spagnolo per i Diritti di Riprografia) se si ha la necessità di fotocopiare o scansionare qualsiasi frammento di questo lavoro. È possibile contattare C.E.D.R.O. attraverso il web www.conlicencia.com o telefonicamente al 91 702 19 70/93 272 04 47.

© Juan Moisés de la Serna, 2018

Capitolo 1. Le basi neurali del cervello

La neuropsicologia nasce dall'unione di due rami conosciuti, quello della psicologia e quello della medicina, i cui oggetto di studio sono: i processi psicologici, la memoria, l'attenzione, la lingua... e come si sviluppano con l'età, e se sono modificate da disturbi dello sviluppo e da problemi associati a traumi, malattie o vecchiaia.

Per quanto riguarda il cervello, bisogna conoscere le sue basi neurologiche, specialmente in termini di queste capacità psicologiche, di cui la neuropsicologia è responsabile.

Anatomicamente la corteccia cerebrale è divisa dal solco centrale, lasciando da un lato l'emisfero destro e dall'altro l'emisfero sinistro, e su entrambe le parti si trova diencefalo, che sono strutture interne (talamo, subtalamo, ipotalamo, epitalamo, metatalamo e terzo ventricolo) che si collegano con il tronco cerebrale (mesencefalo, ponte del Varolio e bulbo spinale).

Gli emisferi, a loro volta, possono essere suddivisi in: lobo frontale (che si trova sulla parte anteriore del cervello), lobo parietale (dopo il lobo frontale, al di sopra del lobo temporale e di fronte al lobo occipitale), lobo temporale (sotto il lobo temporale) e lobo occipitale (situato nella parte anteriore del cervello).

Il lobo frontale è associato alle funzioni esecutive, cioè alla capacità di organizzarsi, di prendere decisioni e supervisionarle. È qui che tutte le informazioni vengono ricevute, elaborate e le risposte partono da lì. La lesione di questa struttura porta alla disorganizzazione del comportamento, alla disinibizione sessuale e all'aumento dei comportamenti a rischio.

Il lobo parietale, è il centro delle informazioni sensitive, con un ruolo di primo piano nel linguaggio, e le sue lesioni possono causare la discalculia (problemi di apprendimento dei fatti in matematica), la dislessia (problemi nel linguaggio), l'afasia (problemi di pronuncia), l'aprassia (problemi di movimento), l'agnosia (problemi di riconoscimento).

Anche il lobo temporale, coinvolto nei processi del linguaggio legati all'elaborazione uditiva, entra in gioco nell'elaborazione delle immagini complesse. Inoltre, partecipa ai processi di consolidamento delle memorie a lungo termine. Il suo danneggiamento causa la dislessia, l'afasia e il deterioramento della memoria verbale.

Il lobo occipitale, è dove risiede il centro di elaborazione visiva, e dove arrivano tutte le informazioni percepite dalla vista attraverso i nervi ottici. Lesioni in quest'area causano problemi di riconoscimento e di elaborazione delle immagini catturate.

Rispetto alle posizioni degli aspetti quali l'attenzione, la lingua o la memoria, indicano che ci sono diverse strutture coinvolte in ciascuno di essi, che producono lesioni dei lobi, perdita totale o parziale della funzione.

Così si abbandona definitivamente la teoria localizzazionista, che ha prevalso per decenni sullo studio delle neuroscienze, dove ad ogni regione del cervello è stata assegnata una funzione psicologica specifica, in modo tale che la lesione possa impedire alla persona l'interpretazione di tale funzione.

Attualmente si considera che le funzioni cognitive siano distribuite nel cervello, e anche se ci sono centri specializzati nel trattamento di alcune informazioni, siano esse uditive, visive, propriocettive...tutto questo in seguito si distribuirà per formare, per esempio, le tracce della memoria.

Per poter entrare nella conoscenza del cervello, lo faremo rispetto al mondo emozionale, che è più complesso di quanto a prima vista si possa immaginare. Scopriremo i diversi elementi che lo compongono.

Quando si parla di componenti di emozioni, dipende da dove mettiamo il centro dell'attenzione, dove si trovano più o meno, quindi in una prima approssimazione si può parlare di tre espressioni di emozione:

- Quella neurofisiologica, che copre tutti i percorsi e

le strutture neurali coinvolti in particolare per ciascuna delle emozioni più delle risposte vegetative di vasocostrizione, tachicardia, respirazione accelerata e ruborazione, che accompagnano le emozioni.

- Quella comportamentale, in cui il nostro corpo diventa "specchio" delle nostre emozioni, che si manifesta involontariamente attraverso l'espressione del viso e il resto del corpo, tendendo o rilassando alcuni muscoli, questo può rivelare ciò che sentiamo, anche quando cerchiamo di "dissimularlo". Allo stesso modo, questa componente ci dice che cosa faremo o no a seguito di quell'emozione, cioè, come si esprimono tutti gli atti motivati nel nostro comportamento e come ci relazioniamo con gli altri.

- Quella cognitiva, che ha più a che fare con il modo in cui percepiamo la nostra stessa emozione e quella degli altri, e come la interpretiamo, cioè l'esperienza soggettiva dei nostri sentimenti. La mancanza di un'educazione emotiva adeguata può essere alla base dell'Alessitimia, in cui la persona non è in grado di identificare e interpretare correttamente le proprie emozioni o quelle degli altri.

MacLean (1949) propose l'evoluzione del cervello in tre fasi principali: rettile, paleomammifero e neomammifero; il secondo è (dove appare il sistema limbico) responsabile dell'elaborazione emotiva, il quale indicherebbe che questo sistema emotivo è precedente e giustifica le sue qualità nell'elaborazione di stimoli affettivi.

Per quanto riguarda le basi neurali delle aree delle attività emozionali, che hanno un maggiore coinvolgimento nel processo delle emozioni, sono le sottocorticali (amigdala e gangli basali) e alcune aree corticali, principalmente la corteccia prefrontale, la corteccia temporale e la corteccia cingolata.

Per quanto riguarda la localizzazione dell'elaborazione degli stimoli positivi rispetto a quelli negativi, non si è ancora arrivati ad un punto d'accordo, quindi alcuni autori sostengono che l'attivazione emisferica si verifica ugualmente a stimoli positivi e negativi. Davidson (1984) propose un modello di distribuzione emisferica dell'elaborazione degli stimoli affettivi, secondo cui il lobo temporale destro avrebbe elaborato gli stimoli negativi, mentre quello sinistro avrebbe elaborato quelli positivi.

Completando quanto sopra, Heller (1993) postulò l'esistenza di un'area cerebrale più ampia (parieto-temporale) come responsabile dell'analisi della componente dell'attivazione (arousal, dall'inglese che significa eccitazione) degli stimoli; e le zone frontali anteriori sarebbero coinvolte nell'elaborazione della valenza (positiva, negativa o neutra) e nell'esperienza emotiva, mentre le zone posteriori sarebbero componenti dell'arousal e degli aspetti di percezione dell'emozione.

L'esistenza del circuito emotivo-percettivo-memoria nel cervello umano è ampiamente condiviso, in cui l'amigdala svolge un ruolo cruciale registrando gli eventi degli stimoli emotivi.

Pertanto, le informazioni con contenuto emotivo hanno una probabilità significativamente maggiore di essere memorizzate e recuperate meglio rispetto alle informazioni con contenuto neutro.

L'ampia connessione tra l'amigdala, le regioni visive extra-striate e l'ippocampo, consente all'amigdala di modulare il funzionamento e facilitare la funzione percettiva e mnestica in queste aree, questi risultati sono confermati in pazienti con lesioni nell'amigdala.

Tuttavia, ci sono delle evidenze che indicano che, l'apprendimento emotivo associato all'amigdala è temporaneamente limitato, e che conseguenti effetti sulla memoria potrebbero essere dovuti alla partecipazione di altre regioni del cervello come la corteccia orbitofrontale.

Ci troveremmo di fronte a un circuito di elaborazione emotiva in contrasto con il percorso di elaborazione cognitiva specifica. Nel circuito emotivo gli stimoli sembrano essere analizzati automaticamente in forma più grezza e rapidamente, seguendo una strategia di configurazione. Secondo Arbib e Fellous (2004) è una comunicazione semplificata, ma con informazioni altamente rilevanti, necessarie per la sopravvivenza e per lo sviluppo adeguato all'interno della nicchia ecologica. Pertanto, questa capacità di elaborazione parallela rappresenta un vantaggio competitivo per sopravvivere nell'ambiente, poiché consente al soggetto di evitare minacce e pericoli in forma immediata, anche prima che l'informazione venga valutata coscientemente nella corteccia prefrontale.

Diversi studi sugli animali riportano l'esistenza di un percorso diretto dai neuroni sensoriali al sistema limbico, in particolare al nucleo dell'amigdala. In alternativa a questo modo, si realizza un'analisi più fine e lenta degli stimoli sopportati dai neuroni sensoriali, che si collegano direttamente attraverso i nuclei del talamo (che ricevono informazioni anche dall'amigdala) ad una grande regione della corteccia cerebrale.

Gli studi con la Tomografia ad Emissione di Positroni (PET, dall'inglese Positron Emission Tomography) indicano la coesistenza di questi due diversi percorsi di elaborazione. Gli stessi risultati sono stati ottenuti con la Risonanza Magnetica Funzionale (fMRI, dall'inglese Functional Magnetic Resonance Imaging).

È stato osservato che l'amigdala svolge un ruolo fondamentale nell'elaborazione delle emozioni. Holland e

Garllagher (2004) indicano che l'amigdala può influenzare le aree corticali in tre modi: la retroalimentazione dai segnali propriocettivi, viscerali e ormonali (che permettono al corpo prepararsi all'azione, all'orientamento o alla fuga); le proiezioni a reti di attivazione generale o arousal (mettendo il corpo in allerta e quindi, permettendo di catturare più chiaramente gli stimoli minacciosi) e l'interazione con la corteccia prefrontale mediale (che porterebbe ad un orientamento delle risorse di attenzione verso lo stimolo emotivo presente, limitando il resto dei processi cognitivi).

Nel frattempo, la corteccia prefrontale invia diverse proiezioni all'amigdala, permettendo alle funzioni cognitive (integratori delle informazioni dell'elaborazione, delle informazioni dello stimolo emotivo e di contesto) di regolare il ruolo dell'amigdala sulle emozioni.

In altre parole, rispondiamo bruscamente (risposta di soprassalto e di fuga) alla visione di un animale pericoloso, come un orso (elaborazione emotiva), ma non produciamo queste reazioni quando vediamo lo stesso orso dietro una gabbia, nel contesto di una domenica pomeriggio rilassante durante una visita di famiglia allo zoo della città (elaborazione cognitiva).

Tuttavia, se fino ad ora abbiamo parlato di aree specializzate, non dobbiamo dimenticare che il cervello lavora con connessioni elettriche e chimiche, le seconde, i neurormoni hanno un ruolo molto importante nelle emozioni.

Oltre alle innervazioni dirette tra le strutture cerebrali, che stabiliscono la comunicazione tra di loro per mezzo di impulsi elettrici, dobbiamo tenere presente che esiste un'intera rete di connessioni, più difficili da specificare, grazie alle sostanze chimiche che servono come mezzo di comunicazione, attraverso quelli noti come i neurormoni avranno anche una grande influenza sulla percezione e nell'espressione di emozioni, come la dopamina.

- La dopamina è solitamente associata al raggiungimento del piacere e del desiderio sessuale, attivando il sistema nervoso simpatico, necessario per un nuovo apprendimento, basato sul desiderio di ottenere rinforzo. Livelli elevati migliorano la motivazione, il buon umore e il desiderio sessuale. La sua inibizione produce demotivazione, indecisione, bassa libido e persino depressione. Prodotto dall'area tegmentale ventrale, raggiunge il nucleo accumbens, l'amigdala, l'area laterale del setto, il nucleo olfattivo anteriore, il tubercolo olfattivo e la neocorteccia.

- L'ossitocina, è associata all'empatia, al desiderio sessuale e al comportamento genitoriale, facilita la formazione di legami affettivi. È prodotta nel nucleo sopraottico e nel nucleo paraventricolare dell'ipotalamo, fino a raggiungere la ghiandola pituitaria e da lì al flusso sanguigno.

- L'adrenalina aumenta la frequenza cardiaca e la pressione sanguigna e prepara il corpo a situazioni stressanti, siano essi piacevoli o meno. Livelli di adrenalina alti causano affaticamento, mancanza di attenzione, insonnia, ansia e persino depressione. Livelli bassi di adrenalina causano abbattimento e depressione.

- La noradrenalina, è coinvolta nei processi di attenzione, apprendimento, socialità e sensibilità alle emozioni e ai desideri degli altri. Livelli elevati provocano facilità emotiva, ipervigilanza e desiderio sessuale. La sua inibizione produce mancanza di concentrazione, demotivazione, depressione, perdita della libido e auto-isolamento.

- La serotonina, è associata all'appetito e al desiderio sessuale, importante per la comparsa del sonno, la coagulazione del sangue e la comparsa di emicranie. Livelli elevati di serotonina producono calma e pazienza, socievolezza e adattabilità. La mancanza di questo neurotrasmettitore può causare tristezza, ansia, irritabilità, esplosioni di rabbia, iperattività, fluttuazioni di umore, insonnia e depressione.

- L'acetilcolina, influisce sulla capacità di conservare la memoria a breve termine. Livelli elevati di acetilcolina facilitano l'apprendimento e la memoria. La sua inibizione produce problemi di apprendimento e di memoria, che possono portare alla demenza senile.

- GABA, acido γ-aminobutirrico, responsabile dell'inibizione della maggior parte del resto dei neurotrasmettitori, favorisce il rilassamento. Livelli elevati di GABA provocano una buona memoria, sedazione e sonno. La sua carenza causa difficoltà a dormire, attacchi di panico e stati d'ansia.

- Le endorfine, appartenenti al tipo di neurotrasmettitori oppioidi, modulatori del dolore, della temperatura, della fame e della riproduzione, sono noti anche come gli ormoni della felicità o della gioia. Livelli bassi causano difficoltà nel provare piacere, felicità e anedonia, rendendo la persona più sensibile alle sconfitte della vita.

Alcuni autori hanno indicato l'insorgenza cumulativa di dopamina e serotonina come i responsabili dell'insorgere della rabbia.

Con quanto detto sopra, si cerca di proporre un approccio alla rete complessa delle connessioni elettriche e chimiche delle diverse strutture coinvolte nella formazione e il mantenimento delle emozioni, per cui il cervello deve attendere per dare una risposta. Esistono una serie di meccanismi chiamati integratori, responsabili della ricezione e dell'analisi di "parti" di informazioni per dare una risposta migliore.

Il primo integratore e il più noto, è senza dubbio la corteccia cerebrale, che riceve le informazioni dalla pelle, dai muscoli e dagli organi, e da lì si prendono le decisioni consapevoli o automatiche per mantenere un equilibrio. Allo stesso modo, l'ippocampo e l'isocorteccia riceveranno innervatura vegetativa in aggiunta alle informazioni emotive, assumendo la responsabilità di produrre effetti viscerali.

Origine dei problemi neuropsicologici

Nel campo delle emozioni, sia in termini di struttura che di funzionamento, dobbiamo tenere presente che si tratta del suo sviluppo "normale".

Tuttavia ci possono essere molti fattori che impediscono che lo sviluppo arrivi "a buon fine", nel caso di disturbi dello sviluppo neurologico, o che, una volta raggiunte tali abilità, questi si perdono con il passare del tempo, in particolare nella terza età, o come conseguenza di alcuni traumi o malattie.

Di seguito sono riportati due esempi di come saranno influenzate le abilità e le capacità della persona a causa delle modifiche di cui il cervello "soffre".

Bisogna tener conto della stretta relazione tra il mondo psicologico e il cervello, come accade nel caso del trauma. Sebbene i traumi dell'infanzia siano stati la base di molte teorie psicologiche, a cominciare da quelle di Freud, c'è ancora molto da sapere a riguardo.

Uno dei limiti di queste teorie psicologiche basate sui traumi infantili, si basa sul ricordo di quanto accaduto trenta, quaranta o cinquant'anni fa.

Mentre sviluppiamo, creiamo nuovi "strati" di esperienze nella vita che ci plasmano così come siamo e cosa facciamo, influenzando le nostre decisioni presenti e future.

A volte pensiamo che queste decisioni non sono completamente "libere", perché possono essere determinate in qualche modo da esperienze traumatiche del passato, siano esse vicine o durante l'infanzia.

Una situazione che, con politiche appropriate, può essere "controllata" soprattutto in età scolare, impedendo ai bambini di essere vittime di aggressioni da parte dei loro compagni.

Cercare di spiegare il comportamento di un adulto basato su quello che gli è successo sembra una proposta piuttosto limitata, ma allo stesso modo, può essere inopportuno ignorare gli eventi passati, specialmente se traumatici.

Una ricerca recente mostra come il maltrattamento o la violenza durante l'infanzia possono lasciare l'"impronta" nel comportamento sociale, confondendo e ostacolando rapporti intimi con l'altro sesso, ma il trauma infantile come influisce sul cervello?

Questo è esattamente ciò che si è cercato di accertare con uno studio condotto congiuntamente dall'Università Hospital di Amburgo-Eppendorf, dall'Università di Wurzburg, dall'Università Ospedale di Münster, dall'Università Ospedale Johann Wolfgang Goethe, dall'Università Medical Center Mainz Johannes Gutenberg, dall'Università Clinica di Wuerzburg (Germania) insieme all'Istituto Karolinska (Svizzera), i cui risultati sono stati pubblicati sulla rivista Social Cognitive and Affective Neuroscience Advance Acess.

Nello studio, hanno partecipato 1158 persone, di cui 325 sono stati esclusi a causa di problemi familiari di salute mentale, e alla fine, sono stati gestiti i dati da 833 adulti con una media di 25 anni.

A tutti loro è stato dato un questionario standardizzato per valutare eventi traumatici durante l'infanzia chiamato Childhood Trauma Questionnaire (C.T.Q.), uno per valutare gli eventi traumatici degli ultimi dodici mesi, attraverso la List of Threatening experiences (L.T.E.), un questionario per valutare la presenza di problemi di ansia attraverso Spielberger Trait Anxiety

Scales (S.T.A.I.), e, infine, uno per il controllo della presenza di sintomi depressivi attraverso la General Depression Scale (A.D.S.-K.).

Sono state effettuate anche delle misurazioni morfologiche del cervello a 129 di esse selezionate a caso.

I risultati mostrano che coloro che hanno sofferto di sintomi traumatici presenti o durante l'infanzia, mostreranno sintomi significativamente più depressivi e ansiosi rispetto a quelli che non c'è l'hanno.

Per quanto riguarda la morfologia del cervello, sono state riscontrate differenze nella corteccia del cingolo anteriore, un risultato significativamente più piccolo.

Nonostante il numero significativo di partecipanti, lo studio non riporta quanti uomini e quante donne, né separa i risultati in base al sesso, il che non consente di sapere se il genere è una variabile rilevante nelle conseguenze dei traumi infantili.

Uno dei limiti dello studio è proprio l'esclusione dei 325 partecipanti, il che non consente di sapere se essi sono stati influenzati da questi traumi infantili a seconda che abbiano una storia familiare con problemi di salute mentale o meno.

Va notato che i traumi del passato e del presente hanno gli stessi effetti emotivi e cerebrali, anche se questi ultimi non si verificano nell'amigdala, ossia il centro di controllo emotivo, come ci si aspetterebbe, ma nella corteccia del cingolo anteriore, responsabile tra l'altro del normale processo decisionale, dell'empatia e delle emozioni.

Pertanto, vi è un'alterazione nella morfologia che può essere tradotta in un cambiamento nel modo di relazionarsi con gli altri, tutto questo anche legato alla presenza di sintomatologia depressiva e ansia.

Sulla base di questi risultati, è necessario evitare, per quanto possibile, i traumi infantili, poiché, sebbene non determinino il comportamento degli adulti, modificheranno il loro cervello e il modo in cui questo elabora l'informazione emotiva.

Allo stesso modo, il cervello e le funzioni cognitive possono essere influenzati temporaneamente o in modo permanente da un trauma o da una malattia, come nel caso del morbo di Parkinson.

Il morbo di Parkinson, quando è in una fase avanzata, è facilmente riconoscibile dai tremori caratteristici, anche se va ricordato che non tutti i tremori che una persona può provare sono conseguenza del morbo di Parkinson.

Ma non è l'unico sintomo che si manifesta durante la malattia, poiché sarà accompagnato anche da problemi di sonno, perdita della capacità olfattiva, difficoltà a camminare o a muoversi, cambiamento delle abitudini come parlare o scrivere, rigidità nell'espressione delle emozioni, ...

Questi sintomi diventeranno sempre più facilmente rilevabili con il progredire della malattia, e quelli che già esistono peggioreranno, il che si avrà un effetto diretto sulla qualità della vita del paziente e della sua famiglia, poiché il paziente sarà sempre più dipendente e richiederà una cura quasi costante.

Sono molti i cambiamenti osservabili, anche se ci sono altri psicologicamente non così evidenti, come ad esempio, la presenza di cambiamenti di umore, con predominanza di depressione, e può darsi che, sia conosciuta anche in fase avanzata come demenza da Parkinson, dove si verificheranno una serie di errori di memoria, oltre a influenzare il ragionamento, il linguaggio e il modo in cui la persona si comporta socialmente. Tutto ciò non fa altro che peggiorare la qualità della vita del paziente, ma come cambia il cervello prima del Parkinson?

Questo è esattamente ciò che si cerca di studiare all'Università di Modena e Reggio Emilia, i cui risultati sono stati pubblicati sulla rivista scientifica Parkinson's Disease.

Lo studio ha coinvolto 40 persone, 25 pazienti con malattia di Parkinson diagnosticata 5 anni fa, con un'età media di 60 anni, e 15 persone della stessa età senza la malattia.

Sono stati sottoposti tutti ad un registro con risonanza magnetica funzionale, in cui il cervello è stato scansionato per significative differenze morfologiche nel cervello dei pazienti con Parkinson rispetto ai soggetti di controllo.

Gli autori hanno trovato differenze nel volume della materia grigia del cervello particolarmente ridotta nei pazienti con Parkinson nella corteccia parietale destra e nella struttura interna del cervello, nel putamen, responsabile del percorso motorio e responsabile dell'esecuzione dei movimenti appresi.

Due anni dopo lo stesso studio è stato condotto di nuovo con gli stessi partecipanti, per vedere com'era cambiato il loro cervello, aumentando l'età media a 62 anni.

Sono state riscontrate delle differenze significative anche nel nucleo peduncolo-pontino e nella regione motoria del mesencefalo.

Secondo gli autori, osservare il modo in cui la progressione del morbo di Parkinson influenzerà nuove aree è un passo avanti, perché permette di conoscere anche come trattarlo. Attualmente si stanno sviluppando farmaci per fermare la progressione della malattia, inclusi quelli a lungo termine, la possibilità di rendere reversibili gli effetti della stessa, e con essa raggiungere una vera cura.

Lo studio, pur avendo risultati significativi chiari, non permette di concludere sulla progressione del morbo di Parkinson, in quanto non sono state effettuate valutazioni in parallelo sul cambiamento malattia attraverso test neuropsicologici, per determinare quale delle si trovano cinque fasi della malattia.

Il piccolo numero di partecipanti rende difficile l'estrapolazione dei risultati, poiché questi effetti potrebbero essere condizionati dall'ambiente in cui si sviluppa la persona, dal trattamento che riceve, dall'alimentazione, ...variabili non controllate che consentono di estrapolare i risultati di altre popolazioni di persone affette dal morbo di Parkinson.

Allo stesso modo, l'osservazione di soli due anni in un gruppo di pazienti che hanno sofferto della malattia per otto anni, sta a significare che non è noto se ci fossero differenze di partenza tra i partecipanti.

Si sa che la malattia andrà avanti, aumentando la gravità dei sintomi e la disabilità che provoca nei pazienti con malattia di Parkinson. Anche lo studio dovrebbe continuare ad accompagnare i pazienti e osservare quali nuove strutture sono coinvolte nella malattia.

28

Capitolo 2. I processi psicologici e il loro funzionamento

Il periodo medio di gestazione nell'uomo è di nove mesi, non è il più lungo nei mammiferi, ad esempio, gli elefanti possono raggiungere fino a ventidue mesi. Tuttavia c'è una caratteristica distintiva dei nostri bambini, rispetto al resto del mondo animale, e questa è la dipendenza a sopravvivere, che si estende per anni.

La maggior parte degli animali, subito dopo la nascita, è in grado di stare in piedi e camminare, o nuotare senza difficoltà quando sono acquatici, ma che dire degli esseri umani?

Il bambino è uno dei più indifesi e dipendenti, richiede cura e attenzione fino a dopo la pubertà prima di essere indipendente e autosufficiente. Il tempo di uscire di casa, con un lavoro per mantenersi, è quello che potrebbe essere paragonato all'indipendenza degli animali, che nella maggior parte di loro non è passato molto tempo da quando è nato, e negli umani a volte dura fino all'età di trent'anni, ma perché è così?

Il cervello è uno degli organi che al momento della nascita, il bambino non ha ancora completamente formato, durante i primi anni di vita sperimenterà una serie di importanti cambiamenti come:

- Durante la fase fetale tra il secondo e il quarto mese di vita, il cervello subisce una proliferazione neuronale, seguita da un'altra selezione neurale, dove si è verificata l'apoptosi, cioè, la morte neuronale programmata, sopravvivendo solo la metà dei neuroni. Dopo questa fase, il cervello manterrà il numero di neuroni per il resto della sua vita. Almeno, si aveva questa convinzione prima di scoprire la neurogenesi, cioè la capacità del cervello di formare nuovi neuroni, che possono essere prodotti in una durata illimitata, anche nelle fasi dell'età adulta.

- Il processo di mielinizzazione neuronale, che comprende la copertura degli assoni neuronali, che è la parte responsabile del collegamento con altri neuroni, facilita l'interconnessione tra di loro. Questo processo si effettua in momenti diversi, a seconda della regione in cui si verifica, e inizia nelle zone primarie sensoriali e motorie, concludendo intorno alla pubertà con la mielinizzazione delle aree delle associazioni frontali e parietali.

- L'aumento delle connessioni neuronali, facilitati proprio dalla mielinizzazione, e questo ha molto a che fare con le esperienze che fa il bambino e che modelleranno il suo cervello. L'espressione "I bambini sono come spugne", sta ad indicare che assorbono tutto, parla proprio di questa capacità di apprendimento di un cervello in formazione che si nutre di ogni tipo di informazione proveniente dall'ambiente circostante.

- L'aumento delle dimensioni del cervello, che nel primo anno di vita raddoppia e nel secondo anno triplica rispetto alle dimensioni della testa del bambino alla nascita.

- La neuroplasticità, dove i neuroni sono previamente indifferenziati, sono specializzati nel trattamento di un particolare tipo di informazioni, stabilire connessioni con i "vicini", formando così le regioni di elaborazione specializzata come la zona visiva, uditiva, sensoriale o motoria.

Tutto questo processo di maturazione cerebrale verrà prodotto gradualmente, man mano che l'organismo si sviluppa.

Tuttavia, anche se questo sviluppo ha un sacco di programmazione biologica, cioè una base genetica che stabilisce le fasi in cui si evolve il cervello, può essere facilitato o ostacolato, dalla stimolazione materna, anche durante la gravidanza, almeno così afferma uno studio condotto dall'Università di Helsinki (Finlandia), pubblicato su Proceedings of the National Academy of Sciences, che ha studiato trentatré donne, la metà delle quali è stata fatta sentire ripetutamente durante il giorno una pseudoparola, cioè una parola inventata che non esiste nella loro lingua, mentre all'altra metà non è stato fatto sentire nulla di nuovo.

Dopo la nascita del bambino è stata valutata la misura dell'attività elettrica del cervello utilizzando un elettroencefalogramma, e si è scoperto che i bambini del primo gruppo sono stati in grado di riconoscere la pseudoparola, questo indicherebbe una certa capacità di apprendimento e di memoria, quindi con questo studio è stata affermata l'importanza della stimolazione precoce nello sviluppo cognitivo, anche prima della nascita, durante la gravidanza.

Vengono definiti processi psicologici alle distinte capacità che mostra una persona, e anche se c'è una forte interdipendenza tra di loro, spesso parliamo di abilità, come per esempio, la memoria, la lingua, o la cura.

- L'intelligenza

Il concetto d'intelligenza è stato analizzato come unitario e stabile nel tempo, anche se negli ultimi anni le sue dimensioni sono state teoricamente riconsiderate.

Quindi, è emerso il termine intelligenze multiple, che si riferisce a diverse dimensioni dell'intelligenza, ad esempio, artistica, musicale, matematica, sociale..., cioè, ora e basata su questa approssimazione, una persona può avere una grande intelligenza musicale, ma non eccellere nel resto delle intelligenze.

Il concetto unitario d'intelligenza consente di parlare

di un livello più alto o più basso, ma anche di un livello troppo alto (geniale) o ridotto. Al contrario, con l'approccio delle intelligenze multiple, si può essere un genio in una delle aree, ma essere "normali" e persino mostrare carenze in alcune delle altre intelligenze.

Nonostante questo cambiamento nella progettazione e nell'analisi dei diversi modelli sull'intelligenza, sembra che non si discuta riguardo la stabilità dell'intelligenza nel corso del tempo, nonostante gli sforzi significativi da parte delle istituzioni educative per aumentare il livello dei loro studenti, quindi in qualche modo ci si aspetta di migliorarla con l'istruzione, ma il livello d'intelligenza si mantiene per tutta la vita?

Questo è quello che si cerca di dimostrare con uno studio dell'Università Occidentale di Illinois e dell'Università Loyola Marymount, i cui risultati sono stati pubblicati sulla rivista scientifica Journal of Intelligence.

I dati analizzati sono stati estratti da uno studio longitudinale multifattoriale proveniente dal Murray Research Archive, analizzando i partecipanti per 30 anni, estraendo i dati di 157 partecipanti quando avevano 3-4 anni, 11, 18 e 32 anni.

A tutti loro sono stati somministrati nel corso del tempo una moltitudine di questionari standardizzati, ma per lo studio sono stati utilizzati solo informazioni riguardanti un questionario di alta capacità chiamato Q-sort Methodology, e il California Child Q-Set (CCQ) Item "High Intellectual Capacity", lo sviluppo delle abilità accademiche attraverso il Wechsler Preschool e Primary Scale of Intelligence (WPPSI). Inoltre, sono state prese in considerazione altre variabili, come il sesso, il livello socioeconomico e il livello d'istruzione dei genitori.

I risultati mostrano una relazione significativa tra i livelli d'intelligenza iniziale e quelli sviluppati nel tempo, valutati in termini di rendimento scolastico.

Anche se lo studio è chiaro per quanto riguarda il potere predittivo dell'intelligenza, il ruolo dell'istruzione sull'intelligenza non pesa e su come avere un livello maggiore o minore, se corrisponde o meno a una maggiore intelligenza, che convaliderebbe gli sforzi delle istituzioni educative, o metterebbero in discussione se non vi è alcuna relazione tra il livello d'istruzione e l'intelligenza.

Allo stesso modo, lo studio si concentra esclusivamente sull'intelligenza academica, cioè, sulla capacità di rispondere in modo adeguato alle richieste e alle esigenze delle istituzioni accademiche in ogni livello educativo, dimenticando l'approccio dimensionale che considera si possa avere un rendimento accademico normale da un'intelligenza normale in questo senso. Successivamente, è stato messo in luce, che si può essere un genio anche in altri campi come il campo artistico, sociale,... che anche se non sono "utili" alle istituzioni educative, non valutano o migliorano tutto ciò di cui lo studente potrebbe aver bisogno.

- La lingua:

Una delle maggiori difficoltà dei disturbi psicologici è determinare se c'è o meno un carico genetico, nella sua origine o un peggioramento.

L'importanza di poter determinare il ruolo genetico di questi disturbi, permettono di progettare trattamenti farmacologicamente più precisi ed efficaci, se il ruolo genetico è piccolo o nullo, il trattamento deve essere basato principalmente sulla psicoterapia, tranne nei casi più acuti, dove il farmaco può essere utilizzato per stabilizzare la persona.

Tra le alterazioni genetiche che sono state trovate, che influenzano la salute di tutto il sistema immunitario si incontra il cromosoma 6, in particolare negli antigeni umani leucocitari, associati a disturbi del sistema immunitario, presente nelle malattie come l'autismo e la schizofrenia. Si sottolinea anche la possibilità di influenzare gli altri disturbi in cui c'è un'alterazione delle capacità linguistiche, sia per capire come produce correttamente il linguaggio, che come è stato osservato in alcuni casi, il Disturbo da Deficit di Attenzione, quindi, c'è qualcosa di genetico nel Disturbo da Deficit di Attenzione?

Questo è esattamente ciò che stanno cercando di scoprire con uno studio l'Università di Oxford, l'Ospedale Infantile di Evelina, l'Università di Edimburgo, l'Università di Manchester, il King College di Londra, l'Università di Aberdeen, l'Università di Tufts (Inghilterra), l'Istituto di Psicolinguistica Max Planck e l'Università di Radboud (Olanda), recentemente pubblicato sulla rivista scientifica Journal of Neurodevelopmental Disorders.

Lo studio ha coinvolto bambini e famiglie che si sono recati in centri specializzati e ospedali per l'infanzia. A tutti è stata fatta un'analisi genetica, escludendo dallo studio i bambini affetti da autismo o da qualsiasi disabilità uditiva.

Allo stesso modo sono stati realizzati tre test linguistici su parole non ripetitive, chiamati Nonword Repetition (NWR), la valutazione della ricezione del linguaggio chiamato Receptive Language Scores (RLS), e l'espressività del linguaggio chiamato Expressive Language Scores (ELS), questi due ultimi realizzati attraverso il questionario standardizzato denominato Clinical Evaluation of Language Fundamentals (CELF).

I risultati indicano un rapporto significativo positivo all'antigene leucocitario umano con il NWR, mentre tale rapporto è significativamente negativo con l'ELS, cioè l'alterazione di questo carico genetico avrà un'espressione nella capacità linguistica dei bambini che soffrono di alterazione, che tra l'altro si è visto essere sempre più presente nei bambini con Disturbo da Deficit di Attenzione, per i quali le mancanze linguistiche di essi potrebbero essere spiegate con un'alterazione di base genetica.

I risultati, pur essendo chiari nelle loro conclusioni, spiegano solo una minima parte del Disturbo da Deficit di Attenzione, un passo esplicativo necessario ma insufficiente per comprendere questa psicopatologia, ed è anche necessario incorporare le ricerche relative al trattamento.

- La memoria:

Una delle più grandi incidenze cognitive sulla vita è quando la memoria di lavoro si altera, poiché quando è il momento di agire, questa causa grandi problemi.

La memoria di lavoro è quella che ci consente di lavorare qui e ora, ricordando ciò che dobbiamo fare, seguendo un obiettivo o un compito.

Se la memoria di lavoro è danneggiata, la persona può ritrovarsi totalmente "persa", dal momento che inizia un'attività, come andare a comprare il pane, e a metà strada diventa una "tabula rasa" su dove stava andando e perché.

Allo stesso modo, quando ha luogo una conversazione, è richiesto questo tipo di memoria, per seguire il "filo" della conversazione, se questa capacità si danneggia, la persona si "perderà" presto e non saprà di che cosa sta parlando e ripeterà gli stessi argomenti, perché non ricorda di averli già detti.

Il deterioramento della memoria di lavoro si verifica sia a causa del normale invecchiamento della persona, che da alcune psicopatie come il morbo di Alzheimer, ma si possono vedere anche casi nei giovani affetti da Disturbo da Deficit di Attenzione e Iperattività. Alcuni autori sostengono che, migliorando la memoria di lavoro, i bambini con ADHD (Disturbo da Deficit di Attenzione) migliorano significativamente la loro capacità di concentrazione e di attenzione, essendo in grado di mantenere livelli di prestazione simili al resto dei loro coetanei.

Come vediamo, è importante sapere di cosa si tratta, ma soprattutto se si può insegnare con successo quando si nota un cedimento.

Questo è esattamente ciò che si è cercato di scoprire con uno studio condotto congiuntamente dall'Università dell'Oregon, dall'Università Tecnica della Louisiana, dall'Università della California e dall'Istituto Tecnologico Rose-Hulman (USA) e recentemente pubblicato sul Journal of Behavioral and Brain Science.

Lo studio ha coinvolto 30 giovani, tra i 18 ei 31 anni, che hanno ricevuto due valutazioni, prima e dopo il completamento.

Tutti questi esperimenti sono stati fatti mettendo il soggetto davanti allo schermo del computer mentre gli veniva chiesto di eseguire un compito che riguardava la memoria di lavoro.

Nella fase di formazione, hanno partecipato solo la metà dei soggetti che sono stati formati per due ore al giorno per 12 settimane.

Al termine di queste fasi, tutti i partecipanti, con e senza formazione, hanno passato la valutazione del trasferimento per verificare se vi fossero differenze tra loro.

I risultati riportano che nel primo esperimento non c'erano differenze tra i due gruppi, mentre nella fase di valutazione del trasferimento hanno mostrato importanti miglioramenti nel gruppo che ha ricevuto una formazione specifica sulla memoria di lavoro.

Oltre alle misure comportamentali, la ricerca ha ripreso l'attività elettrica del cervello mostrando come i partecipanti formati avessero una maggiore attività nelle aree prefrontali del cervello, precisamente dove è stato osservato il coinvolgimento della memoria di lavoro.

Sebbene lo studio sia stato condotto con pochi partecipanti, sembra indicare chiaramente i benefici attesi, migliorando significativamente la memoria di lavoro in sole 24 ore di allenamento.

Inoltre, è necessario adattare i materiali utilizzati alle diverse popolazioni in cui deve essere applicato, al fine di garantire la sua efficacia sia nei giovani che negli anziani.

Nonostante ciò è un grande progresso, sapendo che con un "piccolo" allenamento si può recuperare una capacità cognitiva così importante e fondamentale nella nostra quotidianità come lo è la memoria di lavoro.

- L'attenzione:

I bambini con ADHD mostrano più attività e meno attenzione, è importante sapere quali funzioni sono interessate per trattarli adeguatamente.

Fin dalla più tenera età i bambini possono mostrare un comportamento che li identifica rapidamente come irrequieti indisciplinati e inquieti, facilmente distratti, anche con difficoltà di apprendimento, perché non possono stare fermi e frequentare le lezioni, ciò che normalmente fa disperare gli insegnanti e persino i genitori. Quando questo comportamento diventa cronico e viene mantenuto nel tempo, potremmo trovarci davanti a un caso di Disturbo da Deficit di Attenzione, che può essere accompagnato da iperattività o meno, definito in ciascun caso come ADHD (Disturbo da Deficit di Attenzione e Iperattività, dall'inglese Attention Deficit Hyperactivity Disorder) o TDASH (Disturbo da Deficit di Attenzione Senza

Iperattività).

L'ADHD è caratterizzato da: comportamenti compulsivi; interruzioni nelle conversazioni, senza lasciare parlare l'altra persona; parlare eccessivamente, senza rispettare il proprio turno né il gioco; non smettere di alzarsi e correre; e quando si è seduti, muovimento costante dei piedi.

Il TDASH è caratterizzato da: difficoltà nel rispettare e seguire le istruzioni; non completare i compiti assegnati; mancanza di organizzazione nei loro compiti, con perdite frequenti degli effetti personali perché non si sa dove si lasciano; e facile distrazione ad ogni rumore.

Questo disturbo, sebbene la sua causa sia sconosciuta, tende a "scomparire" grazie al processo di maturazione, sebbene in una piccola percentuale resti nella vita adulta. Inoltre, le persone che ne soffrono sviluppano strategie "compensative" in modo naturale che consentono una performance normale nella loro vita, sia accademica che professionale.

Nonostante ciò, può essere una fonte di conflitto e un carico emotivo per i bambini, sia a scuola che a casa, quindi è essenziale una diagnosi precoce per stabilire la diagnosi appropriata e progettare il trattamento specifico che li aiuti a superare la situazione.

All'interno della categoria di ADHD si possono

suddividere tre categorie: l'ADHD prevalentemente disattento (ADHD-I), l'ADHD Disturbo prevalentemente Iperattivo (ADHD-H); e l'ADHD combinato tra disattento e iperattivo (ADHD).

Nonostante i grandi progressi compiuti, ci sono ancora molti "motivi" per conoscere l'ADHD, come per esempio, la questione dell'Esecutivo centrale, come possibile causa esplicativa di disattenzione. L'esecutivo centrale, associato ai lobi frontali fa riferimento alla capacità della persona di stabilire e seguire obiettivi, progettare e organizzare piani, anticipare i risultati, tutto il contrario da ciò che caratterizza un bambino con ADHD-I.

Uno studio recente condotto dall'Università Normale della Cina dell'Est (Cina) e dall'Università di Kyushu (Giappone), pubblicato nel Journal of Behavioral and Brain Science, si occupa di questo problema, per cercare di capire il rapporto tra l'Esecutivo centrale e l'ADHD-I.

Lo studio ha coinvolto 16 bambini con diagnosi di ADHD-I, che non avevano ricevuto farmaci nei precedenti tre mesi, rispetto a 21 altri bambini della stessa età senza alcuna patologia che funzionasse come gruppo di controllo.

L'Esecutivo centrale è stato valutato nei suoi quattro diversi ambiti: pianificazione, memoria di lavoro, flessibilità e risposta di inibizione, mostrando delle differenze significative nei risultati dei bambini con ADHD-

I rispetto a quelli nel gruppo di controllo, nella pianificazione e funzionamento della memoria e dell'inibizione, ma i risultati della flessibilità non erano diversi.

Ciò significa che i bambini con ADHD-I hanno una certa immaturità nell'Esecutivo centrale, poiché hanno bisogno di molto più tempo del resto per stabilire una pianificazione delle funzioni, che in molti casi non terminano. Inoltre si "perdono" facilmente, "dimenticando" ciò che stavano facendo, il che rende loro difficile realizzare i propri piani o le istruzioni degli altri, a causa delle scarse prestazioni nella memoria di lavoro. Infine, hanno una bassa capacità di inibizione, il che implica che qualsiasi stimolo presente catturerà la loro attenzione, poiché hanno poca "volontà" di concentrarsi e di omettere attenzione ad altri stimoli.

Questo studio apre un modo di lavorare in grado di poter distinguere per mezzo di test specifici tra i diversi tipi di ADHD, al fine di stabilire un trattamento adattato. Anche sapere in quali aree si hanno lacune, permetterà di poter intervenire sul bambino in modo concreto, per mitigare o compensare le sue carenze, in particolare nei settori in cui si mostrano meno "sviluppo" di esecutivo centrale, in modo che si possa sviluppare un'attività "normale" e che possa mostrare una performance come il resto dei suoi coetanei.

- L'emozione:

Le emozioni influenzano il nostro modo di pensare e agire quotidianamente, motivo per cui l'intervento terapeutico si concentra sul tentativo di cambiarle.

Inoltre, si è scoperto il sistema PNIE, psiconeuroimmunoendocrino, in cui si conosce il rapporto tra i diversi sistemi del corpo, dove lo psicologo avrà un'influenza diretta sui neuroni nel sistema immunitario e il sistema endocrino. Lo stesso succede agli altri sistemi che vanno verso quello psicologico. Fin dalla scoperta del sistema PNIE, è stato possibile approfondire la comprensione dell'origine e il trattamento di alcune malattie, che fino ad ora non si aveva nessuna diagnosi chiara, come nel caso delle malattie psicosomatiche.

La componente psicologica si sta formando sia il modo di pensare, sentire e agire, che a loro volta sono correlati, è per questo che il nostro modo di pensare scorre nel nostro modo di sentire e agire, e succede anche dal mondo delle emozioni e dal suo rapporto con gli altri due, ma fino a che punto le emozioni possono essere modificate per influenzare il modo di pensare?

Questo è esattamente ciò che sta cercando di scoprire l'Università di Leuven (Belgio), che ha recentemente pubblicato sulla rivista scientifica Frontiers in Psychology.

Lo studio ha coinvolto 63 studenti universitari, che hanno dovuto superare un test standardizzato Checklist for Symptoms in Daily Life (CSD), inoltre, non c'era bisogno di avere una diagnosi fisica o psichiatrica, né assumere farmaci come ansiolitici, antidepressivi o beta-bloccanti.

I partecipanti dovevano vedere alcune immagini che dovevano classificare secondo le loro emozioni, in positivo o in negativo. Oltre a svolgere l'attività assegnata, è stata valutata la frequenza cardiaca e gli è stato inviato un questionario di autocontrollo.

I risultati forniscono informazioni sul cambiamento significativo dei pensieri, quando attraversano una condizione di manipolazione delle emozioni dei partecipanti.

Gli autori sottolineano la facilità con cui cambiano le emozioni, e ciò influenza rapidamente il modo di pensare e successivamente i comportamenti. Questo ha un'applicazione diretta nel campo della psicoterapia in cui si può lavorare con le emozioni delle "etichette" di salute e quindi combattere le malattie psicosomatiche.

Senza raggiungere questi estremi, Víctor Frank, che ha sviluppato la logoterapia, ha sottolineato il cambiamento della vita della persona con un cambio di dialogo, che è interiorizzato e cambia il modo di pensare.

Nonostante le ovvie differenze tra il lavoro di ricerca

e la psicoterapia basata sulla parola, come nel caso della logopedia di Victor Frank, lo studio convalida le basi del secondo, poiché in entrambi i casi si tratta di parole, modificate in modo positivo, cambia il modo di pensare e di sentire del paziente.

- La percezione:

Va tenuto presente che molte delle competenze precedenti dipendono molto dagli stimoli esterni, ecco perché se la persona ha problemi di percezione ciò comporterà un certo livello d'incapacità quando si tratta di elaborare correttamente il loro mondo e di ripensarci ad esso.

Oggi hanno fatto grandi progressi da quando l'ingegneria e la meccanica hanno progettato e inventato dispositivi che sostituiscono alcune carenze in queste aree, che vanno dalle stampelle alle braccia bioniche, fino ad arrivare agli apparecchi acustici o agli impianti cocleari.

Tutti cercano di offrire una migliore "esperienza" sensoriale, in modo da soppiantare le carenze in questo senso e che la persona possa condurre una vita il più normale possibile.

Così, quando si pensa alla sordità, un problema abituale negli anziani, si pensa che sia un problema di poca importanza, ma come vedremo in seguito, ha importanti implicazioni emotive, perché in una società basata sulla comunicazione, sembra che la sordità possa creare più di un inconveniente.

La perdita dell'udito è un problema frequente negli anziani, ma anche tra i giovani esposti a suoni troppo forti; ugualmente tra le cause della sordità ci sono la genetica.

Attualmente siamo continuamente bombardati da suoni provenienti da fonti diverse, da altri veicoli durante la guida, dalla televisione alla presentazione delle notizie, o da un'altra persona che cerca di dirci qualcosa.

Tanto che ci sono città considerate più rumorose, dove è persino difficile separare il rumore dalle parole di una conversazione, ma cosa succederebbe se non avessimo accesso a quel suono?

Quello che anni fa sarebbe stato considerato un trauma, ora, grazie ai progressi, è considerato un problema da superare.

Il linguaggio dei segni ha permesso di mantenere la comunicazione con gli altri, al fine di esprimere ciò che si sente, si pensa o si vuole, che altrimenti sarebbe un grande problema di isolamento, ma quali sono le conseguenze emotive della sordità?

Questo è ciò che si è cercato di scoprire con una ricerca condotta dal Dipartimento di Psicologia dell'Università di Göteborg (Svezia), i cui risultati sono stati pubblicati sulla rivista Clinical and Experimental

Psychology.

Allo studio hanno partecipato cinquantatré adulti, trentatré di loro erano sordi e il resto aveva difficoltà uditive, di cui quarantadue donne, con un'età media di 42 anni.

Per valutare la presenza di problemi emotivi è stata utilizzata una scala standardizzata chiamata Positive Affect Negative and Affect Scale (P.A.N.A.S.). Per valutare il livello di stress è stato utilizzato lo Stress and Energy (S.E.), e per valutare il livello di autostima è stato utilizzato il Rosenberg's Self-Esteem Scale (S.E.S.).

Sono stati raccolti anche i dati socio-demografici dei partecipanti, per esempio, il livello d'istruzione o il consumo di tabacco o di alcol.

I risultati mostrano che, secondo la valutazione della salute mentale seguendo i criteri del D.S.M.-V., il 43% dei partecipanti soffriva di Disturbo da Depressione Maggiore, il 33% di Disturbi d'Ansia, il 33% ha subito Traumi legati a fattori di stress, il 21,4% di Disturbo da Deficit di Attenzione, il 12% di Disturbo ossessivo-compulsivo, il 7% di Personalità Schizotipica, e il 21% di Disturbi dello Spettro Autistico, controllando che nel 5% dei partecipanti ci fosse dipendenza da sostanze.

Va notato che, le somme delle precedenti diagnosi superano il 100%, poiché queste non sono esclusive, essendo in grado di presentarsi nella stessa persona, ad esempio, il Disturbo della Depressione Maggiore e il Disturbo d'Ansia.

In totale, il 42% dei partecipanti che erano sordi o con problemi di udito mostrava più di una psicopatologia.

Riguardo alla valutazione di scale e questionari, è stato rilevato che l'autostima e il livello di energia possono predire la presenza di patologie associate all'emozione.

Uno dei limiti è nella presentazione dei risultati, non avendo fatto una distinzione tra coloro che erano sordi e quelli che avevano difficoltà uditive.

Ci si aspetterebbe che maggiori difficoltà uditive seguano maggiori problemi psicologici, ma non avendo potuto fare questa distinzione, non si può concludere nulla al riguardo.

I criteri di integrazione che possono influenzare l'umore del partecipante non sono stati presi in considerazione. Si spera che le persone sorde integrate abbiano meno problemi psicologici di quelli non integrati, un aspetto che in questo studio non è stato dimostrato.

Nonostante i limiti dello studio, è stato dimostrato che questo gruppo è particolarmente sensibile a soffrire di problemi psicologici, specialmente quelli legati allo stato mentale.

Considerando che vi sono centri specializzati per il trattamento di problemi uditivi, e centri d'integrazione, dove dovrebbero conoscere alcuni dei principali sintomi di queste psicopatologie, per riferire ai loro membri e al professionista della salute quando vengono rilevati.

Allo stesso modo, ci si aspetterebbe di progettare programmi di prevenzione tra questo gruppo, in modo che possano avere una migliore qualità della vita, senza complicazioni psicopatologiche.

Bisogna tenere conto del fatto che, nonostante il fatto che queste capacità cognitive siano state presentate separatamente, si produce un'interdipendenza tra di loro.

Capitolo 3. Le alterazioni delle funzioni cognitive e la loro valutazione

Come è stato trattato al punto precedente, i processi psicologici sono distribuiti in tutto il cervello, e implicano la dislocazione degli stessi. Anche se ci sono alcune aree che svolgono un ruolo di primo piano, senza la quale si verifica un "danno" in questa funzione.

Questi cambiamenti nelle funzioni cognitive possono provenire da uno sviluppo di un'adeguata maturazione cerebrale, impedendo, ad esempio, la capacità di raggiungere il suo pieno potenziale, come un ulteriore deterioramento.

Questo deterioramento può avvenire gradualmente, per esempio, in età avanzata o a causa di una malattia come il morbo di Alzheimer, o si verifica istantaneamente, nella lesione cerebrale così traumatica.

In tutti i casi dovrebbe essere valutata una funzione cognitiva, la quale si sospetta sia compromessa per determinare se effettivamente sia danneggiata o meno, e in funzione del risultato stabilire un trattamento appropriato.

- L'alterazione dell'intelligenza:

Uno studio recente tenta di analizzare le differenze di abilità sociali esistenti nei giovani con autismo che hanno anche la sindrome di Down.

Una delle questioni più importanti per i pediatri e per i genitori è quella di saper riconoscere se il bambino sta avendo uno sviluppo normale o anormale rispetto agli altri bambini della sua età.

Sono molte le circostanze che potrebbero causare carenze nello sviluppo dei bambini; alcune di esse sembrano essersi risolte da sole, man mano che il bambino cresce, e altre che richiedono un intervento specialistico, sia per la diagnosi che per il trattamento.

Così come la presenza di carenze, sia nello sviluppo motorio, intellettuale o di comunicazione, se sono accompagnate da alcune caratteristiche fisiche tipiche, possono dare indicazioni se ci si trova davanti a un bambino con la sindrome di Down, una diagnosi che, oltre alle sue caratteristiche notevoli, possono essere rapidamente diagnosticate dalla presenza di un'alterazione genetica nella coppia di 21 cromosomi, dove si ha cromosoma in più, denominata trisomia 21.

Tuttavia, il fatto che si abbia questo tipo di anomalie cromosomiche, con tutte le sue conseguenze fisiche e di sviluppo, non possono impedire i disturbi nella stessa percentuale della popolazione di altre condizioni e disturbi, sia di sviluppo che in altro modo.

La difficoltà sta proprio nel distinguere quali sintomi corrispondono alla sindrome di Down e quali ad altri disturbi, soprattutto quando si è nel momento dello sviluppo, dove la caratteristica principale è appunto un rallentamento delle abilità del controllo motorio, del linguaggio, delle capacità conoscitive, o del controllo delle poche emozioni, prendendo come punto di confronto il bambino con un suo coetaneo, ma può verificarsi nello stesso bambino sia autismo che sindrome di Down?

Questo è esattamente ciò che stanno studiando l'Ospedale Alto Deba, l'Ospedale Donostia e dalla Fondazione CITA-Alzheimer (Spagna), i cui risultati sono stati pubblicati nel Journal of Neurodevelopmental Disorders.

Come accennato nell'introduzione, la difficoltà di rilevare la presenza di entrambi i disturbi contemporaneamente, consiste nel poter distinguere quale dei due corrispondono ai sintomi che i bambini mostrano.

Nel caso della sindrome di Down, può essere che qualcuno manifesti oltre alle sue caratteristiche tipiche, un certo ritardo nello sviluppo del linguaggio e a socializzare, che non è spesso visibile, perché mostra ritardi di altre abilità, che si possono scoprire anche oltre la sofferenza di un Disturbo dello Spettro Autistico.

La difficoltà di questa seconda diagnosi è così evidente che gli autori dello studio affermano che, attualmente non esistono statistiche sulla presenza di entrambi i disturbi dello sviluppo presentati. Tuttavia, allo stesso tempo, hanno realizzato uno studio per provare a distinguere i sintomi dell'uno o dell'altro.

Lo studio ha coinvolto 46 persone tra i 10 e i 21 anni, 26 donne e 20 uomini, tutti con diagnosi di Trisomia 21, cioè con sindrome di Down, e in particolare sono stati scelti quelli che non avevano diagnosi del Disturbo dello Spettro Autistico.

Sono stati dati a tutti una serie di questionari, come la scala di reattività sociale, denominata Social Responsiveness Scale (SRS), dove gli operatori sanitari valutavano il livello di coinvolgimento sociale di piccoli questionari di sviluppo sociale, denominati Social Communication Questionnaire-Lifetime (SCQ); per l'adempimento sociale tramite il linguaggio non verbale è stata utilizzata la Scala Internazionale dell'Esecuzione della Leiter, demominata Leiter International Performance Scale-Revised (Leiter-R); è stata fatta una prova di vocabolario chiamata test di Peabody Picture Vocabulary Test, Fourth Edition (PPVT-4).

Il fatto che qualcuno affetto da Disturbo dello Spettro Autistico passasse il test, rispetto a chi non c'è l'ha, consente di sapere quali elementi e quali scale di prova verranno visualizzate nella popolazione di quelli a cui è stata diagnosticata o no la sindrome di Down.

Sono proprio quelli che non c'è l'hanno che permetteranno di stabilire una diagnosi di nuovi casi, poiché, se si dovesse presentare, si potrebbe dire che si soffre anche di un Disturbo dello Spettro Autistico.

I risultati più notevoli mostrano risultati significativi su due sotto-scale del SRS, in particolare per quanto riguarda la cognizione sociale e i modi. Questi ultimi, essendo dei movimenti ripetitivi, come il dondolio, ha portato gli autori ad affermare che questi sono i sintomi più importanti da considerare quando si valuta la presenza del Disturbo dello Spettro Autistico nei bambini con sindrome di Down.

Nello studio c'è un piccolo numero di partecipanti e a causa dell'ampia fascia d'età utilizzata, è necessario un nuovo studio con più soggetti, prima di poter raggiungere una conclusione valida.

Analogamente, i partecipanti di 10 anni, non possono essere utilizzati come uno strumento utile a fini diagnostici per il Disturbo dello Spettro Autistico, non appena possibile quanto prima viene rilevato, più questo può intervenire.

- L'alterazione della lingua:

Quando si pensa alla malattia di Alzheimer, si pensa ai problemi di memoria, ma questi non sono gli unici sintomi che si presentano durante le prime fasi della malattia e che devono essere trattati allo stesso modo.

Mentre i primi sintomi del morbo di Alzheimer, spesso sono confusi con quelli causati dal passaggio del tempo, soprattutto quando appaiono in età più avanzata, ci sono strumenti progettati appositamente per l'individuazione di questi sintomi, sia tramite registrazione osservazionale che tramite sintomi esterni, come l'esecuzione dei compiti.

Tutti questi dati sono confrontati con i risultati della popolazione precedente, cioè con la popolazione "normale", per verificare se la persona ha sintomi specifici della sua età, o sono dovuti ad altri fattori da esplorare in profondità.

Un'analisi più dettagliata consente di confermare o escludere la diagnosi della malattia di Alzheimer.

Il problema è che i sintomi causati dalla malattia, nelle fasi iniziali, sono così lievi che difficilmente causano disagio nel paziente, né "lamentele" nelle loro famiglie, quindi raramente vanno in ufficio per essere esaminati dallo specialista.

Tra queste sintomatologie, ci sono quelli relativi al discorso, le cui caratteristiche affette dal morbo di Alzheimer sono: difficoltà a mantenere la tematica di conversazione, con l'uso di dati molto superficiali e senza dettagli; errori continui quando vengono utilizzati riferimenti dal passato, con interruzioni nel filo conduttore; ripetizioni, circonlocuzioni (dire molte cose attorno a un'idea principale) e rettifiche nel discorso.

Questa sintomatologia, sebbene non sia esclusiva dei pazienti con malattia di Alzheimer, influenzerà la qualità delle loro relazioni, poiché non possono mantenere un livello di comunicazione adeguato, in alcuni casi facendo perdere interesse ai loro interlocutori, per parlare con qualcuno che non è in grado di rispondere adeguatamente, facilitando e incoraggiando così l'isolamento del paziente, ma questi primi sintomi dell'Alzheimer possono essere migliorati?

Questo è ciò che hanno ricercato congiuntamente l'Università del Nebraska, Omah e South Alabama (USA), i cui risultati sono stati pubblicati sulla rivista scientifica International Journal of Alzheimer's Disease.

Lo studio ha coinvolto cinque adulti, che avevano sofferto di malattia di Alzheimer per più di cinque anni, con un punteggio compreso tra 5 e 6 sulla scala standard di deterioramento, Global Deterioration Scale (GDS), mostrando tutte e due le difficoltà nel discorso in base ai risultati ottenuti con il test standardizzato denominato Arizona Battery of Communication Disorders of Dementia (ABCD).

L'intervento è stato realizzato attraverso sessioni di 20 minuti in un contesto di conversazione in modo da:

- Evidenziare le idee rilevanti della conversazione.

- Porre domande sì/no per ristrutturare le frasi.

- Indicare delle informazioni mancanti, mentre si osserva l'idea principale della conversazione.

- Indicare parole o frasi che non corrispondono nel contesto per la loro eliminazione.

Tutto questo evidenziato dal linguaggio gestuale.

I risultati confrontati tra i dati di coerenza ottenuti dal Glosser e dal Deser e dall'Healthy Elderly (HE), prima e dopo l'intervento, mostrano notevoli miglioramenti in termini di discorso, sia in termini di qualità che di fluidità.

Il progetto, nonostante l'ottenimento di risultati significativi, non appartiene a un gruppo di controllo di confronto, poiché le valutazioni pre e post valutazione possono essere influenzate da una variabile incontrollata, come l'esperienza stessa. Pertanto, senza avere un gruppo di controllo, è difficile convalidare i risultati.

Lo studio utilizza un piccolo numero di partecipanti, quindi le conclusioni, nonostante appaiano chiare, devono essere corroborate da nuove ricerche che includano un numero maggiore.

È importante anche ricordare che questo è un intervento per alleviare i sintomi causati dalla malattia di Alzheimer, e non tanto un tentativo di cercare qualche tipo di cura, cioè, quest'intervento da solo non ferma la progressione della malattia, quindi richiederà nuovamente l'uso congiunto di altri interventi, incluso quello psicofarmacologico.

Nonostante ciò, un intervento semplice come quello presentato qui può aiutare molto a correggere i primi sintomi dell'Alzheimer, offrendo una maggiore qualità di vita al paziente, permettendogli di mantenere un normale livello di comunicazione con i loro parenti e amici.

Tecniche che sono molto simili a quelle usate nei bambini con ritardo dello sviluppo, come nel caso dell'Autismo, qualcosa che è stato usato per anni con ottimi risultati.

Una volta superati i limiti citati dallo studio, si può stabilire un progetto d'intervento semplice e chiaro, che può essere appreso nei centri di riabilitazione dai familiari, in modo che possano usarlo nelle loro case con il paziente, e con esso, ottimizzare l'intervento nel paziente.

- Alterazione della memoria:

Le conseguenze della sofferenza del Disturbo dello Spettro Autistico sono molte, sebbene il principale sia la capacità di comunicare.

Il Disturbo dello Spettro Autistico è un disturbo dello sviluppo che impedisce al bambino di acquisire le capacità e le abilità consoni alla sua età, causando un ritardo nello sviluppo rispetto ai suoi coetanei.

Ritardo che, se non vengono effettuati interventi

correttivi tempestivi, verrà mantenuto nel tempo, anche in età adulta.

L'attenzione principale della ricerca è stata l'infanzia, come momento critico in cui rilevare i primi sintomi dell'ASD, oltre a progettare e attuare programmi d'intervento volti a rafforzare lo sviluppo delle capacità comunicative e quindi a correggere mancanze che potrebbero presentare.

Nonostante questo, la ricerca continua a cercare di capire come questo disturbo influenzerà il resto della vita del paziente.

Come precedentemente affermato, ci si aspetta che, se qualcosa non sia stato adeguatamente sviluppato durante l'infanzia, che si tratti della capacità comunicativa o di un'altra, ci aspetteremo di osservare questi stessi problemi durante l'età adulta, quindi è coinvolta la memoria nei pazienti adulti con Autismo?

Questo è esattamente ciò che si è tentato scoprire all'Università della Città di Londra, i cui risultati sono stati appena pubblicati su Autism Research.

Lo studio ha coinvolto trentasei persone, 9 donne e 27 uomini, tra i 20 e i 62 anni. A metà di loro era stato diagnosticato il Disturbo dello Spettro Autistico, di conseguenza il resto del gruppo diventò gruppo di controllo, con uno sviluppo "normale".

Tutti i partecipanti sono stati sottoposti a una valutazione dello sviluppo verbale attraverso i test standard Verbal IQ (VIQ), Performance IQ (PIQ) e Full-scale IQ (FIQ), e un test d'intelligenza tramite il Wechsler Adult Intelligence Scale (WAIS-III).

Con l'Autism Diagnostic Observation Schedule (ADOS) è stato rivalutato anche il gruppo di pazienti con Disturbo dello Spettro Autistico.

Tutti i partecipanti sono stati sottoposti ad alcuni test attraverso il computer, dove sono stati presentati gli stimoli e hanno dovuto rispondere secondo le istruzioni di ciascun test.

I risultati mostrano un'esecuzione peggiore tra i partecipanti con Disturbo dello Spettro Autistico rispetto al gruppo di controllo, in tutti i test di memoria eseguiti.

Allo stesso modo, con l'avanzare dell'età dei partecipanti, c'è una diminuzione progressiva delle prestazioni dei test della memoria nel gruppo di controllo, e questo peggiora sempre più. Non si ha un'evoluzione nel gruppo di persone a cui è stato diagnosticato il Disturbo dello Spettro Autistico.

C'è una parità di risultati del gruppo di controllo in età avanzata, con i risultati dei partecipanti con Disturbo dello Spettro Autistico.

Con queste informazioni, i programmi d'intervento

possono essere sviluppati nel rafforzamento delle strategie di memoria, anche negli adulti con Disturbo dello Spettro Autistico, poiché le carenze, se non corrette, saranno mantenute nel tempo.

Nonostante i risultati ovvi, si deve tenere conto del fatto che sono stati ottenuti da un ambiente "artificiale", come un laboratorio comportamentale, in cui le capacità di memoria sono testate in circostanze molto specifiche, sapendo che nella vita "normale", si utilizzano molti altri parametri, ad esempio, attraverso note nei taccuini o grazie agli smartphone, che possono aiutare a compensare le carenze di memoria, essendo in grado, così, di sviluppare una vita come le altre.

Inoltre, si noti che c'è una grande sproporzione nel numero di donne che hanno partecipato allo studio, quindi servirebbe un nuovo studio che contemplasse l'analisi delle differenze di genere, prima di concludere con questo argomento.

- L'alterazione dell'attenzione:

Una delle maggiori preoccupazioni dei genitori con bambini con ADHD è sapere se questo li segnerà in futuro.

Sorgono molti dubbi, non solo sul trattamento che devono seguire, ma sulle conseguenze e, ove ci fossero, sulle conseguenze future.

La bibliografia mostra che gli adulti con ADHD sono

più inclini a soffrire di depressione o ansia, con carenze nei rapporti sociali di qualità, salute e persino autostima. Fenomeni che non sono ancora ben compresi, quindi è importante continuare a studiare in questo senso.

Vengono mostrati anche come le disfunzioni presenti durante i primi anni e persino nell'infanzia scompaiano nel tempo, grazie al processo di maturazione del cervello che consente di correggere alcune carenze esistenti.

Uno dei fenomeni più noti per quanto riguarda l'attenzione, è la facilitazione e la soppressione:

- Con i parametri corretti, vi è una riduzione del tempo di risposta, poiché il cervello può anticipare correttamente la risposta, facilitandola.

- Con i parametri sbagliati, c'è un aumento nel tempo di risposta, poiché il cervello anticipa una soluzione errata che deve essere rettificata, impiegando più tempo in questo processo, portando alla soppressione, ma cosa succederà con gli adulti con ADHD? Manterranno lo stesso parametro d'attenzione?

Per rispondere a questa domanda, l'Hampshire College (USA) ha condotto uno studio, analizzando le conseguenze sulla cura degli adulti con ADHD.

Hanno partecipato 25 adulti con diagnosi di ADHD, rispetto ad altri 25 senza alcuna psicopatologia, che hanno agito come gruppo di controllo.

Al fine di evitare gli effetti dei farmaci che potrebbero assumere gli adulti con ADHD, sono stati testati successivamente, almeno 18 ore dopo la loro somministrazione, escludendo quindi qualsiasi effetto che potesse favorire o interferire con il farmaco per ADHD.

L'esperimento ha come obiettivo di rispondere ad un lavoro intenzionale, dove si presentavano sulla visualizzazione delle frecce, indicando dove sarebbe apparso lo stimolo e segnalare il più rapidamente possibile, con la possibilità che sarebbe apparso anche un diversivo o un segnale che non doveva rispondere. Nello stesso momento in cui hanno eseguito il compito, è stata registrata la loro attività elettrica cerebrale.

I dati riportano una performance "normale" in entrambi i gruppi, sia nella facilitazione che nella soppressione, nei compiti di attenzione, sia nella loro esecuzione che nell'attività elettrica del cervello.

Una cosa che era stata osservata nei bambini con ADHD, è che si produceva un deficit di attenzione.

Tutto ciò supporta l'idea che il processo di maturazione, almeno per alcuni compiti, sembra esercitare un forte ruolo correttivo, senza lasciare conseguenze nella vita dell'adulto.

- L'alterazione dell'emozione:

A volte si conoscono più le malattie a causa delle

conseguenze nelle fasi avanzate, come nel caso del morbo di Parkinson.

Poiché il Parkinson è una malattia neurodegenerativa nel tempo, gli effetti peggioreranno progressivamente, progredendo dai primi sintomi del I Stadio, con leggeri movimenti in una sola parte del corpo, trascinando leggermente i piedi, iniziando a mostrare i primi sintomi di rigidità. Nel II Stadio, la persona inizia a sporgersi in avanti, inizia a produrre un'alterazione dell'equilibrio e ha difficoltà a iniziare i movimenti (bradicinesia). Nella fase III e IV, i sintomi si complicano, rendendo difficile l'equilibrio e la deambulazione. Fino a raggiungere l'ultima fase del V Stadio, dove la dipendenza è maggiore, si necessita di una terza persona per svolgere qualsiasi attività della vita quotidiana, la persona trascorre la maggior parte del suo tempo seduta o sdraiata a causa dei suoi tremori costanti.

Con il progredire della malattia, le opzioni per il trattamento del Parkinson sono ridotte, a cominciare dal trattamento farmacologico e riabilitativo fino all'intervento chirurgico. Tra questi ultimi, possiamo distinguere tra quelli che possono essere invertiti, come la stimolazione cerebrale profonda, rispetto a quelli irreversibili, che includono la chirurgia in cui sono coinvolte alcune parti del cervello.

Riguardo questi interventi, la più comune è la pallidotomia, dove viene fatta un'incisione nel globo pallido del cervello, intervento che, d'altra parte si è visto che ha conseguenze emotive per il paziente a cui è stato eseguito l'intervento, quindi, l'intervento chirurgico nel cervello del paziente con Parkinson porta a cambiamenti emotivi?

Questo è esattamente ciò che si sta cercando di scoprire con una ricerca dall'Ospedale di Santa Maria (Portogallo), pubblicato recentemente sulla rivista scientifica Parkinsonism & Related Disorders.

Lo studio ha coinvolto 30 pazienti sottoposti a un intervento chirurgico per il trattamento degli stadi avanzati del Parkinson.

Tutti i soggetti sono stati sottoposti a precedente studio e un follow-up un anno dopo l'intervento chirurgico, in cui hanno dovuto rispondere a un metodo standardizzato per il rilevamento di emozioni denominato Comprehensive Affect Testing System (CATS), dove vengono valutate 7 emozioni di base in compiti di riconoscimento facciale e 4 sul linguaggio (prosodia). I risultati mostrano che non ci sono cambiamenti significativi tra i dati ottenuti prima e dopo l'intervento chirurgico.

Nonostante ciò, era stata osservata una sintomatologia dell'apatia o della depressione in 6 dei partecipanti prima dell'intervento, e quindi, il numero è stato esteso a 14 dopo un anno dall'intervento. Ciò che indubbiamente dovrebbe essere l'oggetto di studio è il motivo per cui in un anno il numero di persone con sintomatologia depressiva è raddoppiato, e se questo corrisponde a un'evoluzione "normale" della malattia o è un prodotto dell'intervento chirurgico.

Come carenze dello studio, va sottolineato che non è stato effettuato alcun gruppo di controllo con cui confrontare l'evoluzione della malattia nel tempo e che non è stata effettuata una valutazione approfondita dell'umore del paziente, prima o dopo l'intervento chirurgico.

A causa dei limiti dello studio, i risultati non possono essere generati, fino a quando non viene ampliato il numero di partecipanti, viene incluso un gruppo di controllo e viene analizzata l'evoluzione dell'umore dei pazienti partecipanti a quelli che sono stati sottoposti a un intervento chirurgico come misura per affrontare la fase più avanzata della malattia di Parkinson.

- L'alterazione della percezione:

Una delle maggiori difficoltà per i bambini con autismo è l'integrazione sociale, ma esiste una relazione tra la sordità e l'autismo?

Una domanda che è strettamente correlata alle abilità sociali e d'integrazione del bambino, dal momento che se è sordo, difficilmente sarà in grado di capire ciò che gli altri stanno dicendo, e quindi non sarà in grado di offrire una risposta.

Ciò ha motivato i ricercatori a cercare di risolvere i problemi associati a questo disturbo con ciò che migliora la qualità della vita del bambino.

I problemi dell'udito hanno importanti implicazioni per lo sviluppo di qualsiasi bambino, e quando viene rilevato rapidamente, si tratta di porre una soluzione, nel caso specifico dei bambini con Disturbo dello Spettro Autistico, può passare "inosservato", dovuto al fatto che ha "problemi più importanti" di cui preoccuparsi.

Anche se si chiede a molti genitori e anche a qualche specialista, ciò che di solito sanno a riguardo, è esattamente l'opposto, cioè, una delle caratteristiche del Disturbo dello Spettro Autistico è la sua ipersensibilità, a volte al contatto, al gusto e persino al suono.

Non sapendo come reagire adeguatamente e sentendosi depressi da quei suoni inaspettati, ripetitivi o nauseanti, che provengano da una sveglia, da una lavatrice o dalla sirena di un'ambulanza, ma esiste una relazione tra la sordità e l'autismo?

Questo è ciò che hanno tentato di scoprire con una ricerca condotta Department of Hearing and Speech Sciences, Faculty of Allied Health Sciences, Health Sciences Center, Kuwait University (Kuwait), i cui risultati sono stati pubblicati nella rivista scientifica Communication Disorders, Deaf Studies & Hearing Aids.

Allo studio hanno partecipato ventidue bambini, tutti maschi con diagnosi di Disturbo dello Spettro Autistico, di età compresa tra i sette e i quindici anni.

A tutti sono stati fatti due test uditivi Transient Otoacoustic Emissions (T.OA.Es.), per valutare l'integrità della coclea e delle cellule ciliate, e la timpometria, che serve a valutare l'orecchio medio.

I risultati mostrano che 17 bambini, ovvero il 77% di essi, mostrano un udito ridotto.

La mancata inclusione di un gruppo di ragazze nello studio rende impossibile sapere se ci sono differenze nel rapporto tra sordità e autismo a seconda del genere.

Uno dei limiti dello studio è il basso numero di partecipanti, il che significa che la relazione tra sordità e autismo non può essere estrapolata basandosi su risultati della popolazione, fino a quando non viene osservata in nuove ricerche.

Poiché non sono stati applicati metodi tradizionali di misurazione dei problemi uditivi basati sulla risposta di una persona alla condotta, non è possibile concludere se questi nuovi metodi siano più o meno sensibili ed efficaci.

Va notato che lo studio si è concentrato su un problema che raramente viene affrontato, in quanto i genitori spesso attribuiscono la loro mancanza di "attenzione uditiva" alle caratteristiche del Disturbo dello Spettro Autistico, e non a un problema indipendente in quanto tale.

Se nuove ricerche offrono informazioni simili con un indice pari al 77% della relazione tra sordità e autismo, dovremo pensare ad implementare test uditivi per tutti i bambini con Disturbo dello Spettro Autistico.

In ogni caso, e come indicato dall'autore dello studio, le famiglie che hanno qualche sospetto in questo senso, dovrebbero andare dall'otorinolaringoiatra per escludere che i loro figli possano soffrire di problemi di udito come sordità, il che è senza dubbio un problema aggiunto al disturbo dello sviluppo.

La diagnosi precoce è importante per aumentare le possibilità di miglioramento nell'intervento del bambino.

Aspetto che, con gli attuali progressi, può essere facilmente corretto sia attraverso l'impiego di rinforzo con attività uditive, che con l'uso di apparati.

Per la valutazione delle funzioni cognitive sono stati ideati dei test standardizzati, commentati di seguito:

- BRIEF-P. Valutazione delle Funzioni Esecutive - Versione per bambini

Valutazione delle funzioni esecutive da parte di genitori e insegnanti nei bambini dai 2 ai 5 anni.

- CSAT-R. Compito per l'Infanzia Sostenibile - Revisionato

Valutazione dell'attenzione sostenuta attraverso un compito di sorveglianza di tipo CPT.

- REGIA. Riabilitazione Intensiva di Gruppo di Afasia

Programma per il trattamento dell'afasia.

- SCIP-S. Screening di Deterioramento Cognitivo in Psichiatria

Breve test volto a valutare la presenza di deficit cognitivi che presentano più frequentemente gli adulti con qualche tipo di disturbo psichiatrico: memoria, attenzione, funzioni esecutive e velocità di elaborazione.

- SENA. Sistema di Valutazione per Bambini e Adolescenti

Valutazione dei principali problemi emotivi e comportamentali di bambini e adolescenti.

- CUMANES. Questionario di Maturità Neuropsicologica per gli Studenti

Valutazione complessiva dello sviluppo neuropsicologico e delle prestazioni cognitive nei bambini.

- CUMANIN. Questionario di Maturità Neuropsicologica Infantile

Sistema integrato per l'esplorazione del livello di maturità neuropsicologica per i bambini in età prescolare, valutando le quattro funzioni mentali di base: Linguaggio, Memoria, Motricità e Sensorialità attraverso 13 scale.

- ENFEN. Valutazione Neuropsicologica delle Funzioni Esecutive nei Bambini

Valutazione del livello di maturità e di rendimento cognitivo nelle attività legate alle funzioni esecutive nei bambini.

- LURIA-DNA. Diagnosi Neuropsicologica degli Adulti

Esame neuropsicologico dei processi corticali superiori (Linguaggio, Memoria, Attenzione e Funzioni visuo-spaziali) e i loro disturbi seguendo il modello di Luria.

- LURIA-INIZIALE. Valutazione Neuropsicologica nell'età Prescolare

Valutazione del funzionamento esecutivo e linguistico, della velocità di elaborazione e della memoria immediata nei bambini piccoli seguendo il modello di Luria.

- MMSE. Esame Cognitivo Mini-Mentale

Adattamento spagnolo di uno dei test clinici più riconosciuti e utilizzati per la valutazione delle funzioni cognitive e dello stato mentale negli adulti.

- ANELLI. Test per la Valutazione delle Funzioni Esecutive

Valutazione delle prestazioni negli adulti attraverso la capacità di pianificazione.

- CAMDEX-R. Prova di Esplorazione Cambridge Revisionata per la Valutazione dei Disturbi Mentali negli Anziani

Diagnosi clinica accurata delle forme più frequenti di demenza, nonché altri disturbi mentali frequenti in età avanzata.

- FDT. Test a Cinque Cifre

Valutazione della velocità di elaborazione cognitiva e aspetti specifici dell'attenzione e delle funzioni esecutive, come il controllo dell'attenzione, l'alternanza e la resistenza alle interferenze.

- MFF-20. Corrisponde al Test delle Figure Note

Valutazione dello stile cognitivo riflessivo o impulsivo che i bambini mostrano di fronte a compiti ambigui.

- SDMT. Test di Simboli e Cifre

Rilevazione rapida delle disfunzioni cognitive nei bambini e negli adulti, attraverso un compito classico di sostituzione dei simboli mediante cifre. È uno dei test di riferimento per la valutazione dei sintomi cognitivi nella Sclerosi Multipla.

- STROOP. Test di Colori e Parole

Uno dei test più utilizzati per la rilevazione dei problemi neuropsicologici, danni cerebrali e valutazione delle interferenze.

- WCST. Test di Classificazione delle Carte del Wisconsin

Valutazione neuropsicologica di diverse componenti delle funzioni esecutive, come il ragionamento astratto, la formazione di categorie, il problem solving e la persistenza.

- BENDER. Test Visuo-motorio Gestaltico

Esplorazione del livello di maturazione di bambini e adulti con deficienze, della perdita della funzione e dei difetti cerebrali organici negli adulti e nei bambini, nonché delle deviazioni della personalità, in particolare i fenomeni di regressione.

- BRIEF-2. Valutazione Comportamentale della Funzione Esecutiva

Test di riferimento per la valutazione delle funzioni esecutive da parte di genitori e insegnanti.

- CAMDEX-DS. Test di Esplorazione Cambridge per la Determinazione dei Disturbi Mentali negli Adulti con Sindrome di Down o con Disabilità Intellettiva

Valutazione delle forme più frequenti di demenza, nonché dei altri disturbi mentali e fisici presenti negli adulti con sindrome di Down o altro tipo di disabilità intellettiva.

- FROSTIG Test dello Sviluppo della Percezione Visiva

Test per la valutazione dei ritardi nella maturità

percettiva dei bambini con difficoltà di apprendimento. Valuta i seguenti aspetti della percezione visiva: la Coordinazione Visuo-motoria, la Discriminazione figura-sfondo, la Costanza della forma, le Posizioni nello spazio e le Relazioni spaziali.

- HARRIS. Test di Dominanza Laterale

Valutazione del modello della dominanza laterale della mano, del piede e degli occhi, un aspetto molto rilevante nelle difficoltà della lettura e della scrittura.

- HPL. Test di Omogeneità e Preferenza Laterale

Valutazione dell'omogeneità e della dominanza laterale della mano, dell'occhio e del piede. È molto utile per l'esame di persone con disturbi nella lingua orale o scritta, nelle capacità motorie o nell'orientamento spaziale.

- PORTEUS. Test del Labirinto

Valuta l'attitudine a formare ed eseguire un piano di lavoro, una delle componenti delle funzioni esecutive e che è legata all'adattamento sociale.

- KING. Test di Copia di una Figura Complessa

Test classico di grande utilità clinica e ampiamente utilizzato in neuropsicologia per la valutazione della capacità visuo-percettiva e visuo-motoria e della memoria visuo-spaziale.

- TESEN. Test per la Valutazione dei Percorsi per la Valutazione delle Funzioni Esecutive

Valutazione del funzionamento esecutivo di giovani e adulti attraverso il completamento di un'attività di pianificazione, che consiste in un'attività visuo-motoria (Trail Making Test).

- TIDA. Test di Identificazione dei Daltonismi

Rilevazione e diagnosi di anomalie nella visione dei colori, come il daltonismo, la cecità cromatica ad acromatopsia.

- TRVB. Test di Ritenzione Visiva di Benton

Esame della percezione visiva e attività visuo-strutturanti. Diagnosi di anomalie nell'area della patologia cerebrale e della valutazione del livello premorboso dell'intelligenza colpita da qualche difetto organico.

Si tenga presente che questa valutazione è solitamente accompagnata da test di neuroimaging, in particolare quando il disturbo è dovuto a un danno cerebrale acquisito, in cui è possibile osservare le regioni o le aree interessate.

Danni cerebrali che possono derivare, per esempio, da una lesione cerebrale traumatica, da incidenti cerebrovascolari (ictus) o da tumori cerebrali. Allo stesso modo, queste tecniche di neuroimaging ci permetteranno di verificare fino a che punto le funzioni formate stanno fornendo le carenze presentate in precedenti valutazioni, e quindi verificare il successo dell'intervento.

Capitolo 4. Le tecniche d'intervento nei processi psicologici

Le applicazioni della neuropsicologia sono molte, sia in ambito strettamente clinico che in altri, come l'istruzione. Quindi la neuropsicologia ora ci permette di sapere "cosa vale la pena studiare" e prevenire, quando si trovano, le carenze in tenera età, al fine di poter intervenire.

Tutti noi desideriamo che nostro figlio diventi presidente di un paese o di una società, un astronauta o un medico, cioè, che arrivi il più lontano possibile nella sua carriera, o forse solo che arrivi a quello che noi stessi non siamo stati in grado di raggiungere, o forse la stessa cosa che siamo e abbiamo raggiunto, ma quanto è reale?

Anche se vogliamo, il bambino attraversa diverse fasi della sua vita, e alcune possono influire in forma decisiva, soprattutto quando sono piccoli, portandoli nelle scuole private, motivandoli e incentivandoli su quello che crediamo che "sia il meglio per il suo futuro". Tuttavia, quando crescerà, la nostra capacità d'"influenzare" diminuirà a favore della sua opinione o di quella dei suoi amici, che sarà decisiva soprattutto al momento di scegliere gli studi, e con essa, dirigere la sua vita professionale futura, ma tutto questo sarà sufficiente a garantirgli il successo in futuro?

Per anni, alcuni governi hanno sviluppato politiche di screening della popolazione, in base alle quali a tutti i minori viene somministrata una serie di questionari validati, per "rilevare" quelli che hanno un potenziale maggiore per un campo rispetto a un altro, e con quello essere in grado di offrire una guida migliore. Lo sfondo di questo si trova nei classici questionari d'intelligenza.

La diagnosi precoce e l'orientamento corretto da parte delle istituzioni pubbliche o da parte dei genitori, ci consentiranno di sapere in che cosa potrebbe essere migliore per il bambino, che è ciò in cui darà il massimo, anche se la decisione finale ricadrà sempre su se stesso, poiché sarà lui a dover lottare per raggiungere gli obiettivi futuri, ma cosa determina le prestazioni nei diversi test? È possibile prevedere in anticipo il futuro professionale dei bambini?

In questo contesto un gruppo del Karolinska Institute (Svezia) ha condotto uno studio pubblicato sulla rivista scientifica The Journal of Neuroscience, in cui ha cercato di rispondere a queste domande, fissandosi in un unico indice, la memoria di lavoro, che è la capacità di conservare e gestire le informazioni a breve termine.

La memoria di lavoro si è dimostrata essere un buon indicatore di prestazioni migliori nel tempo, sia in matematica che in lettura, quindi un bambino con capacità di memoria di lavoro poco sviluppata mostrerà difficoltà future. Per tutti questi motivi, questo gruppo è stato oggetto di studio, utilizzando per la sua valutazione la tecnica della risonanza magnetica funzionale, al fine di stabilire un metodo utile per l'identificazione precoce di bambini esposti al rischio di soffrire di scarso sviluppo cognitivo.

Lo studio ha coinvolto 232 partecipanti tra i 6 ei 20 anni di età, una volta esclusi i partecipanti con deficit di attenzione o dislessia, per i quali è stata utilizzata una tecnica di misurazione neuropsicologica adattata a ciascuna età. È stato eseguito un test della memoria di lavoro, che non può essere valutato direttamente, ma vedendo i suoi effetti nell'esecuzione di alcuni compiti, inoltre, sono state utilizzate le matrici progressive di Raven per misurare la capacità di ragionamento.

Gli stessi partecipanti hanno dovuto sottoporsi a questi test due anni dopo per valutare la coerenza delle misure o il cambiamento nel tempo.

I risultati mostrano due strutture implicite in una migliore previsione della performance nelle aree di memoria di lavoro e, con essa, di un futuro sviluppo accademico e professionale migliore, questi erano i nuclei del talamo e dei nuclei caudati.

Così gli autori deducono che con esso è possibile utilizzare la risonanza magnetica come strumento di screening per rilevare in maniera precoce meno attivazione delle strutture cerebrali sopraindicati, segni che indicano che si deve intervenire in quelle piccole, dal momento che, in caso contrario, mettono a rischio il suo sviluppo cognitivo e con esso il suo futuro accademico e professionale.

L'intervento nei processi psicologici dipenderà da molti fattori:

- L'età del paziente, sapendo che più giovani sono, più probabile è che si verifichi la diminuzione di questi processi psicologici.

- Il numero dei processi interessati, non è lo stesso che trattare un singolo problema, piuttosto che un paziente influenzato da diversi processi psicologici.

- La gravità della condizione, se è mite, l'intervento sarà più veloce e più efficace.

- Il tempo trascorso da quando si è verificato il "problema" e quando si comincia a intervenire, sapendo che più tempo passa tra i due, più si riducono le probabilità di successo.

Dobbiamo contemplare che l'intervento dev'essere sempre eseguito da personale qualificato, e, se possibile, in un centro che ha gli strumenti adatti.

Esistono due tipi di intervento a seconda

dell'obiettivo perseguito:

- La stimolazione neuropsicologica, che si riferisce all'intervento per sviluppare le capacità e le abilità non presenti nel paziente e che per la sua età dovrebbe aver sviluppato.

Principalmente quest'intervento viene eseguito nei bambini con ritardi cognitivi nello sviluppo.

- La riabilitazione neuropsicologica, xxxx

Va tenuto presente che i ritardi cognitivi spesso sono accompagnati, in alcuni casi, anche da altri ritardi di maturazione, come nel caso del movimento, come si vede qui sotto nel caso del Disturbo dello Spettro Autistico:

Come si vede l'intervento durante l'infanzia è fondamentale, perché quello che si ottiene in questa fase, determinerà in larga scala il futuro della qualità della vita del bambino.

Va tenuto presente che, in questa età dell'infanzia è dove i bambini acquisiscono più facilmente nuove competenze e lo sviluppo cognitivo, perché il cervello non ha ancora completato il suo processo di maturazione, il che li rende più duttili agli interventi neuropsicologici.

Lo sviluppo della lingua dei bambini è stato uno degli argomenti più studiati dalla psicologia evolutiva, per sapere se è possibile apporre migliorie.

Aspetto che è essenziale se si considera che alcuni

bambini hanno problemi nello sviluppo del linguaggio, quindi è importante studiare e analizzare oltre a cercare di stabilire programmi di allenamento e di miglioramento per coloro che mostrano ritardo, rispetto ai loro coetanei.

Una delle prime difficoltà che deve affrontare un bambino nel momento dello sviluppo del linguaggio è saper determinare le particelle della stessa, cioè, distinguere le parole come suoni sciolti all'interno di un dialogo continuo.

Questa stessa difficoltà la mostrano gli adulti quando cercano di imparare una nuova lingua, ascoltandola più e più volte, ma non sono in grado di sapere quando finisce una parola e inizia un'altra, perché in un discorso normale le uniamo e sembrano seguano tutti lo stesso filo del discorso con pochissime interruzioni.

Nient'altro da ricordare la prima volta che sentiamo una lingua, sia essa cinese, tedesca o qualsiasi altra lingua. La sensazione non è sapere cosa ti dicono in termini di contenuto, ma anche in termini di parole che lo contengono.

Mentre sviluppiamo il nostro udito, siamo in grado di identificare in una frase quelle parole che già conosciamo il loro significato, ma anche quelle che non sappiamo cosa significano. Questo è grazie allo sviluppo del linguaggio che ci permette di identificare i suoni e di spaziarli correttamente, il che significa che, visto che abbiamo un vocabolario più ampio in quel nuovo linguaggio, diventa sempre più facile ascoltare frasi sempre più complesse e più lunghe.

La fase di padronanza arriva quando siamo in grado di ascoltare ogni suono separatamente e identificare il suo significato sia di ogni parola che della frase nel suo insieme, qualcosa che con il tempo e la pratica diventa automatico, e non dobbiamo eseguire alcuno sforzo in questo senso per capire quel linguaggio che ci è costato tanto imparare.

Questa capacità di sviluppo del linguaggio è chiamata segmentazione e consente di riconoscere diverse particelle del discorso, passaggio precedente e necessario per identificare poi soggetto, verbo, complementi..., un processo che alcuni studi precedenti hanno indicato che può essere avviato dal 10 mesi di età, a seconda della lingua in cui viene condotto lo studio, ma è possibile migliorare lo sviluppo della lingua nei bambini?

Questo è esattamente ciò che mira a ricercare l'Istituto Marx Planck di Psicolinguistica, l'Università di Utrecht, l'Università Radboud Nijmegen e l'Università di Amsterdam (Paesi Bassi), l'Università Occidentale di Sydney (Australia), i quali hanno recentemente pubblicato nella rivista scientifica Brain Science.

Sono stati condotti due studi per analizzare lo sviluppo della lingua dei bambini. Nel primo hanno preso parte 15 bambine e 13 bambini di dieci mesi, a cui sono stati presentati stimoli uditivi e sono stati valutati 6 mesi dopo, per verificare se hanno conservato il ricordo di ciò che è stato usato per entrambi i test di identificazione di suoni familiari, come una registrazione della loro attività cerebrale. I risultati mostrano un miglioramento significativo di fronte a un gruppo di controllo che non ha ricevuto la stimolazione precedente.

Lo stesso test è stato eseguito a cinque anni, per verificare il mantenimento di quel miglioramento originale quando erano stati esposti a stimolazioni da una lingua diversa dalla loro, stavolta valutata attraverso un questionario standardizzato denominato Reynell Developmental Scales. I risultati mostrano che non si osservano differenze significative rispetto al gruppo di controllo di quelli esposti precocemente a quella nuova lingua.

Come sottolineano gli autori, dobbiamo distinguere la prima influenza positiva di altre lingue, con l'effetto del passare del tempo, che, per tutti, piccoli e adulti, ci fa dimenticare ciò che non usiamo, per esempio, se impariamo la lingua francese a scuola e non l'abbiamo ancora usata, è probabile che dopo cinque anni sarà difficile per noi riconoscere nuovamente le parole di una normale conversazione.

Tra i limiti dello studio vi è il numero limitato di

partecipanti e che la nuova lingua, pur avendo una diversa radice linguistica, è relativamente accessibile a causa della vicinanza geografica dei partecipanti coinvolti nello studio.

Allo stesso modo, l'effetto del tempo viene confuso con il possibile sviluppo o non sviluppo del linguaggio, così si dovrebbe osservare se questa stimolazione precoce, che ha dato così buoni risultati, sia veramente servita a questi bambini per imparare la lingua più velocemente rispetto ai loro coetanei che non sono stati esposti così precocemente a quella nuova lingua.

Come possiamo vedere, l'intervento è possibile ed efficace se sappiamo quali sono le varianti che giocheranno in questo processo.

Conclusioni

L'ambito dello studio della psicologia comprende tutte le attività umane, per capire come si verificano, e come possono influenzare la nostra vita, inclusa un'attività sempre più comune sia negli adulti che nei giovani, cioè l'uso diffuso e intensivo di Internet, soprattutto in termini di gestione dei social network.

A proposito di Juan Moisés de la Serna

Ha conseguito un dottorato di ricerca in Psicologia, Master in Neuroscienze e Biologia del Comportamento, Specialista in Ipnosi Clinica, riconosciuto dall'International Biographical Centre (Cambridge - UK), come uno dei cento migliori professionali della salute a livello mondiale del 2010. Svolge il lavoro di docente in diverse università nazionali e internazionali.

Divulgatore scientifico con partecipazione a congressi, conferenze e seminari; collaboratore in vari giornali, media digitali e programmi radiofonici; autore del blog "Cattedra Aperta di Psicologia e Neuroscienza" e di diciassette libri su vari argomenti.

Attualmente sta lavorando alla ricerca nel campo dei Big Data applicata alla salute, per la quale lavora con dati provenienti per esempio, dall'India, USA o Canada; lavoro complementare con la consulenza alle Startup tecnologiche orientate alla Psicologia e al Benessere personale.